Siénteme

Por

Eduardo Garay

Editado por Adriana Cleves

Cleves Book World

Marzo de 2009

*En Trafford Publishing creemos en la responsabilidad que todos, tanto individuos como empresas,
tenemos al tomar decisiones cabales cuando estas tienen impactos sociales y ecológicos. Usted, en
su posición de lector y autor, apoya estas iniciativas de responsabilidad social y ecológica cada vez
que compra un libro impreso por Trafford Publishing o cada vez que publica mediante nuestros
servicios de publicación. Para conocer más acerca de cómo usted contribuye a estas iniciativas, por
favor visite:http://www.trafford.com/publicacionresponsable.html*

*Nuestra misión es ofrecer eficientemente el mejor y más exhaustivo servicio de
publicación de libros en el mundo, facilitando el éxito de cada autor. Para conocer
más acerca de cómo publicar su libro a su manera y hacerlo disponible alrededor del
mundo, visítenos en la dirección www.trafford.com*

Trafford rev. 6/18/2009

 www.trafford.com

Para Norteamérica y el mundo entero
llamadas sin cargo: 1 888 232 4444 (USA & Canadá)
teléfono: 250 383 6864 ♦ fax: 250 383 6804 ♦ correo electrónico: info@trafford.com

Para el Reino Unido & Europa
teléfono: +44 (0)1865 487 395 ♦ tarifa local: 0845 230 9601
facsímile: +44 (0)1865 481 507 ♦ correo electronico: info.uk@trafford.com

Índice

Prólogo..5

Introducción...7

Nota del Autor..9

Resumen..10

Historia...12

Ven y Siénteme

Adorable Rosa..15

Pequeña Luna..17

Rayo de Luz...19

Lo Que Siento..21

La Ocasión...23

El Amor es Sufrir..25

El Detalle..27

Pequeña...29

El Proceso..31

Una Flor...33

El Verdadero Amor..35

Meditando en Ti...37

La Red del Amor...39

Paloma...41

Te Quiero...43

Valórame..45

El Sueño...47

Mi Corazón..49

Tu Dolor...51

El Interés...53

Perdóname..55

Qué Bien Te Ves.....................................57

El Paraíso Para Ti Mujer

Aquella Flor..61

Un Suspiro...63

El Jardín..65

Una Puerta...67

Una Canción...69

Mi Corazón..71

Inspirándome..73

Es Tanto Amor.......................................74

Suelo Soñar..76

Será Igual..78

Querida Amiga..80

Verdes Pastos...82

La Batalla..84

Un Día Más..86

Antídoto de Reflexión.............................88

El Poeta y sus Versos..............................90

Aliento de Vida.......................................92

Prólogo

El autor de *Siénteme*, Eduardo Garay, me pidió que editara su
libro a principios del año 2009. Yo inicié el trabajo sin saber que a
medio camino mi pareja dejaría este mundo y yo empezaría un
proceso de duelo intenso, inesperado, doloroso y solitario. Puse a
un lado la corrección el día de San Valentín de 2009, fecha en la
que le escribí al autor para informarle que habría un retraso en la
fecha de entrega por razones personales de fuerza mayor. En el
momento en que retomé el trabajo de edición de *Siénteme*, fueron
sus palabras hermosas y poéticas las que le dieron consuelo a mi
corazón y fueron un bálsamo para mi herida.

Muchos creemos que las coincidencias gratuitas no existen. Que
hay una fuerza toda poderosa, amorosa, sabia y benigna que
gobierna el mundo, que de manera misteriosa sincroniza los
acontecimientos y que no hay una hoja de un árbol en el mundo
entero que no se mueva sin su conocimiento, voluntad y
aprobación. Hoy, más que nunca, estoy convencida de ello. Cada
palabra de este precioso libro me llenaba de sosiego y sentía como
si fuera Richard, mi pareja, quien se comunicaba conmigo a través
de estas palabras. Todo tenía sentido.

Por ello, sé que el destino permitió que llegara a mis manos el
trabajo de edición de *Siénteme*, en el momento en que mi pareja

pasó a otro plano, pues me permitió hacer mi duelo más llevadero y sólo así este trabajo iba a tener más sentido para mí, no sólo como profesional sino a nivel personal. Estas circunstancias me permitieron sentir las palabras y la motivación del autor y valorar el contenido de este magnífico libro de una manera más aguda y pura.

Se trata de un mensaje auténtico y fruto de un sentimiento proveniente del corazón de un hombre capaz de expresar verdades antiguas e imperecederas de una manera única. Confío en que los lectores de este libro podrán recibir este regalo que les inspire a saber amar y les refuerce el conocimiento y la confianza de que son amados. En un lenguaje que toca la sensibilidad de la mujer con una caricia y apacienta su corazón mientras le recuerda con gracia quién es ella, *Siénteme* les rememorará que la vida está relamente diseñada para ser dulce y perfecta dentro de la imperfección del mundo en el que habitamos.

Gracias, Eduardo, por esta obra que nos permite reflexionar sobre la esencia más fundamental de nuestra existencia y que en tan buen momento llega a nuestras manos.

Adriana Cleves, MA
Cleves Book World – Cleves Cultural Projects
Los Angeles, California
Marzo 7 de 2009

Introducción

Este libro ha sido escrito con el propósito de hacerte recordar que el amor es lo más importante y hermoso en nuestras vidas. Si hablamos de amor no podemos dejar de mencionar el más grande amor de los siglos. El amor de Dios para con nosotros. Aún sacrificando su más grande amor, lo hizo porque nos ama y nos mandó a que amáramos a nuestro prójimo como a nosotros mismos.

Es de conocimiento para la mayoría de nuestros lectores que el libro de amor escrito más grandioso de todos los tiempos es La Biblia. Podemos hacer referencia a varios libros o capítulos de la Biblia, pero uno de los más impresionantes es Ira de Corintios 13 donde te expresa claramente lo que es el verdadero amor:

> "El amor es sufrido, es benigno; el amor no tiene envidia, el amor no es jactancioso, no se envanece; no hace nada indebido, no busca lo suyo, no se irrita, no guarda rencor; no se goza de la injusticia, mas se goza de la verdad. Todo lo sufre, todo lo cree, todo lo espera, todo lo soporta... Y ahora permanecen la fe, la esperanza y el amor, estos tres; pero el mayor de ellos es el amor."

Siénteme, te hará comprender una vez más que el amor es real y que Dios te ama como nadie jamás lo hará. Él te creo para que seas amada, apreciada, mimada y te llama a que le sientas para que logres la paz, seguridad y felicidad que buscas en tu vida.

Estos versos no han sido escritos para entretener tus momentos de ocio o de soledad, sino para lograr un despertar en tu vida. Un llamado a amarte como Dios te ama. Estos versos serán como bálsamo a tu alma y refrigerio a tu espíritu para que te aprecies y estimes como Dios lo hace, sanando y creando una nueva conciencia de lo importante que eres para Él.

Te invito a una nueva experiencia, a un nuevo camino que abrirá los ojos de tu alma a sentimientos dormidos que creías no tener. Tu Amiga,

Luisa I. Avilés
Marzo 24 de 2009

Nota del Autor

Siénteme proviene del sentir sincero y profundo de un hombre, escrito con el fin y la total certeza de que llevará aliento de vida a otros seres que se encuentran en medio de la necesidad, en este caso, de reflexionar sobre la mujer como realmente ella lo merece.

Las palabras hermosas y la forma poética que se usan en este libro permiten a la mujer reconocer y entender que en medio de sus situaciones, problemas o circunstancias, no están solas y que verdadermante valen mucho.

Esta inspiración divina nace del deseo de superar la tragedia que hoy en día se está viviendo, del tormento de ver cómo la mujer continúa perdiéndose en esta vida, como la flor que se marchita y pierde su valor generación tras generación.

El propósito de *Siénteme* es poder así recuperar a quien cautivó y conquistó mi corazón. Es decir, en este libro se encontrarán los buenos sentimientos de aquel ser maravilloso, está escrito con el mejor deseo para la mujer que realmente cree que ella se puede levantar, caminar y continuar buscando recuperar su valor en medio de todo, aun más allá de sus fuertes heridas.

Así que, ven preciosa, comienza a leer y siénteme…

Resumen

El contenido de *Siénteme* es una inspiración divina que proviene
de lo alto, para llevar a cabo una obra maravillosa donde el pétalo
de la rosa que ayer se marchitó pueda tal vez hoy renacer y
resplandecer en la belleza de una hermosa mujer, como antes
nunca lo había podido entender. Pues hacer el bién, cariño, te
ayudará sobre todas las cosas a madurar y a crecer en la vida, así
que ven pequeña, ven y siénteme.

Este libro es el espejo que te mostrará el reflejo de lo que en ti yo
quiero, que puedas encontrar el talento que llevas muy dentro de
ti, así como la esencia de conocerte a ti misma, mi hermoso cielo
azul en el que dibujas las nubes y las estrellas, que noche a noche
brillan e iluminan la vida, diciendo: "presente", y dándole luz a la
oscuridad de tu caminar, así que ven preciosa y siénteme.

El calor y el fulgor de este mensaje es para llevarte de la mano a
que también puedas recuperar ese valor que en algún momento
dado de la vida perdiste y que siempre recuerdes que no estás
sola, que en medio de todas tus circunstancias existe alguien que
en verdad te ama con todas sus fuerzas, aún pareciendo estar lejos
de este panorama, el Omnipotente, mi bella dama, así que ven y
siénteme.

Siénteme es un detalle diferente con el que deseo activar tu fé, linda mujer, para que puedas creer que eres sí eres la mujer más hermosa, vida mía, la cual he visto crecer, pues allí estaré de algún modo, con lo más profundo de mi sentimientos, evitando que sientas soledad para así no tener que ver más tus lágrimas caer. Mi interés es poder llevarte a otro nivel dándote la oportunidad, el aliento de vida que tanto necesitas, que arde con su pasión, así que ven amor, ven y siénteme.

Historia

En algún momento de la vida solía ver nacer, desde el vientre de una madre, a una hermosa y pequeña princesa. Ella crecía y crecía de tal manera, pero no se imaginaba nunca en su mente que se enfrentaría a la pureza de una gran guerra, como la que invade la magia y la existencia de nuestros corazones aquí en la tierra, por eso ven a mi, pequeña, ven y siénteme.

Esta humilde princesa crecía, pero no se daba cuenta de que estaba muy cerca de la prueba, de que en su adolescencia experimentaría la furia de la tormenta, la cual entraría a confundirla, colocando así en su camino una serie de obstáculos y haciendo sentir las olas del mar golpeando contra las rocas, como cuando la marea esta fuerte, pero tú preciosa, ven, decídete y siénteme.

Ella por su debilidad se deja caer, pues aunque ya estaba hecha toda una mujer, no puede mantenerse firme y entonces suele perder de vista la esencia de conocerse a sí misma, luego comienza desapercibida a entrar a un mundo donde gobierna únicamente la mentira, donde ella ya está perdida. Pero como todavía puedes reconocer el grito de guerra, mujer, deseo que vuelvas, así que ven pequeña y siénteme.

El misterio de la vida y el propósito de Dios están en ti, hermosa y muy bella flor, pues la rebeldía no es lo correcto, para alcanzar la luz en medio del desierto. Así que levántate, llénate de sabiduría y continúa en línea recta, dirígete a la batalla, pelea por lo que amas y deseas, porque sólo así dejarás de ser aquella princesa, sino que ahora, mi amor, serás tú mi verdadera reina. Alcanza la victoria, pequeña y ven de nuevo y siénteme.

PARTE I

Ven y Siénteme

Adorable Rosa

Ven dulce adorable rosa, ven y siénteme tal y como sean de suaves y perfumados tus pétalos, preciosa. Ven atrévete a conocer a Romeo o al conquistador de la roca, atrévete a sentirme a todas horas, aunque pienses que estás loca. Pues soy yo, amor, estoy aquí esperándote para brindarle un bello y tierno amanecer a tu radiante y cálido ser. Así que ven, vuelve a rescatar ese fresco aroma que quizás en algún momento de la vida perdiste.

Recupera tu valor, pequeña flor y siénteme, porque te lo mereces para que puedas así sonreír, pues seré yo el que desde hoy te hará feliz. Haré que te estremezcas en el desierto aun cuando suspire desde lo más lejos, mas soy yo, cariño, quien está dispuesto a llenar ese vació, soy el te que ha prometido hoy día permanecer contigo y no te abandonaré, linda mujer, así que ven, siénteme una y otra vez porque de esta especial y muy bonita manera, mi reina, te otorgaré mi anhelo, mi deseo y, sobre todo, mi fantástico querer.

Así que escucha bien amada mía, desde luego que conozco tus pasos, pero me interesaría conocerles aun más para permanecer siempre a tu lado, y así de ti poder hacer una brillante y perfecta escultura en barro, aquella hermosa pieza que se derrite cuando ha de sentir en todo momento mis tiernas manos, pues no soy violento, amor. Mas soy sincero, soy aquel que al suspirar cerca de tu oído te dice: "te quiero". Por lo tanto, preciosa, no soy digno de desprecio, sino que haré manar sobre ti todas las bendiciones del cielo para que además hoy puedas aceptarme por todas las cosas hermosas que de ti pienso, así que ven, adorable rosa, ven acércate y siénteme.

Pequeña Luna

Por cuan grande es tu hermosura, pequeña luna, me atreveré a conquistarte desde las alturas, pues a causa de tu tristeza se han conmovido las estrellas, aquellas que por su buena firmeza continúan colaborando delante de ti y de tu presencia, para dejarte saber, bebé, en este preciso momento y a cada segundo que eres tú la mujer más bella.

Así que ven, siénteme, pues no te arrepentirás, atrévete a sentir de lo que soy capaz mi amor, recuerda a este dinámico ser que te observa aun en medio de la oscuridad, aquel que tal vez ha de enseñarte el camino hacia la eternidad. Porque sé, mi vida, lo mucho que has sufrido, pero también se lo que en realidad has de haber vivido. Por lo tanto, cariño mío, con todas mis fuerzas, de la uva sacaré buen vino, pues la fruta dulce no da jugo amargo. Así que ven siénteme y ya nunca más recuerdes el pasado.

Ahora dime una cosa, preciosa, ¿acaso Dios no te perdonó y te limpió de todos tus pecados, al igual que a todos aquellos que te lastimaron? Mas sin embargo, está cerca de ti y ha de extender sus preciadas manos cada vez que te pasee por el jardín del edén y suela llevarte en sus brazos, mas de allí sacare la flor más hermosa que quizás en un día brillante te prometió y así, también, obsequiarte su mejor regalo diciéndote, mi vida, lo mucho que te ha amado. Pues oye mi reina, en verdad ven y siénteme y no permitas que tu necedad corrompa tu mente, porque desde luego que a tu lado, amor ,estaré por siempre, pero no seré un juguete con el que puedas hacer lo que quieres, sino que en realidad te llevaré, poco a poco, a conocerme y sobre todo, mucho más, a quererme. Así que ven otra vez, pequeña luna, y siénteme.

Rayo de Luz

Como un rayo de luz a la orilla de la playa o como las olas del mar te mostraré, mi bella dama, mi adorable y grandiosa manera de expresarte el amor. Y es que por medio de mis caricias a ti, amor, pretendo conquistar, pero no es tan sólo eso, sino que he deseado darte un beso, el cual a lo mejor no puedo darte debido a que te observo desde el cielo, mas aprovecho por todos los extremos de la tierra el preciso momento para decirte cuan grande y especial eres tú en mi existencia, lo más bello del reino, cariño. Así que ven, siénteme mi rayo de luz y nunca desistas de quererme porque de ninguna manera, mi vida, he deseado herirte.

Además, corazón, prefiero decirte que enfrentarse a los hechos de este mundo es enfrentarse al día a día de tu hermosa vida, mi niña, por lo cual nunca ha sido casualidad pasar por esta etapa de agonía, tristeza o soledad, las que tú misma deseaste o preferiste, de modo, querida, que sabrás que de la debilidad fue que aprendiste.

Aprendiste a ser una bella mujer, una linda princesa que me buscó en el atardecer o aquella gran estrella que iluminó mi verdadero anochecer. Así que ven, siénteme, porque del cielo, caramelo, haré fluir leche y miel.

Preciosa, he visto lo que has pasado y creéme que estoy cansado de tener que ver tus lagrimas caer, por eso sé que tú eres como un rayo de luz que alumbra todo mi ser y mi corazón, de tal manera que no lo puedo comprender. Aunque así son las cosas, todo obra para bien y de forma misteriosa, para que podamos entender que sólo así podemos crecer llenos de amor sincero, de modo que nazca el fruto de nuestros buenos sentimientos. Así que ven, rayo de luz, ven, tócame y siénteme.

Lo Que Siento

Cielo, es preciso dejarte saber lo que siento, pues del polvo de la tierra dibujaré, mi amor, tu hermoso cuerpo y si soplare el viento, cariño, en este momento, sabrías que por medio de mi escritura divina te llenaré de un verdadero aliento.

Porque sé, mi vida, que realmente es a ti, amor, a quien yo quiero. Así que ven una, dos o tres veces y siénteme, para que puedas estar alegre cada vez que me recuerdes y aun cuando el río suene estaré junto a tu caminar por siempre presente. Por eso, mi niña, no dudes en hacerlo, ven y acércate un poco más, para mostrarte que estoy dispuesto a enseñarte el secreto y la llave que te llevarán de camino al cielo.

¿Qué sol se oculta, mi hermosa piedra de zafiro, cuando en la mañana me despierto y aun estoy contigo? Mas soy yo el que te abriga cada vez que sientes frío y no me importa, cariño, cuanto hayas sufrido, porque hoy vengo a decirte lo que tengo que decir. Es que todas las noches, mi amor, no paro de pensar en ti, así que ven siénteme y atrévete a ser feliz. Atrévete a mostrar tu hermoso perfil, a sonreír en medio de la prueba, de la cruda amargura que cada día nos tortura, aquella que nos apaga la mecha de nuestra vela espiritual y que por su maldad no nos permite despertar.

Siénteme

Pero tú, mi dulce niña, eres un ser muy especial, eres tan sabia como para construir un nuevo y verdadero hogar, pues una mujer necia con sus propias manos lo destruiría todo, sin emabargo a ti amor te escogí para que siempre estés preparada en el momento de la verdad y así puedas recibir de mi todo lo que hoy te deseo brindar, así que recibe mi corazón, amor, y siénteme.

La Ocasión

Mi amor, si en alguna ocasión se le dijo al mar: "hasta ahí deberás llegar", en ti hoy derramaré autoridad sobre todas las cargas, situaciones o circunstancias que han de venir a cada instante de tu hermosa vida. Tú, que eres más inteligente que eso, levántate de nuevo y recupera tu valor en todo momento, pues en verdad no habrá nada ni nadie que te pueda amar como yo siempre lo deseo.

Así que ven y siénteme cada vez que lo desees porque estoy dispuesto a sumergirme en lo más profundo de tu corazón, para sembrar allí todo el cariño y el amor que fluye muy dentro de mi y que quizás, en alguna ocasión, te prometí. Así que no intentes nada malo porque yo, mi amor, con sinceridad he de decirte lo mucho que te amo.

Siénteme, mi reina, para que recibas también el consuelo que te he preparado, ¡pues en tus manos te lo he entregado! Por lo tanto, si no eres capaz de entender lo que te he dicho, tan sólo recuerda que en esta ocasión, mi vida, permaneceré contigo siempre a tu lado, hasta el fin del mundo.

Oye, princesa, si a tu vida llegare un mudo, mi dulce niña, lo entenderías porque te darías cuenta de que sólo por sus señales él te podría hablar y te diría en toda ocasión que hoy desea hablarte y no es mentira, amada mía, así que ven y siénteme con todas tus fuerzas, para que las olas del mar revienten contra las rocas y se aparten de ti las obras negativas que no provienen de mi y que causan agonía y tristeza sobre ti, la mujer bella y hermosa que en esta ocasión escogí, así que no te rindas. Vales mucho y tú lo sabes, basta de llantos, acércate cada vez más, a cada instante y siénteme.

El Amor es Sufrir

Mi querida y dulce niña, el amor es sentir, es sufrir, es perder o ganar, es el día a día de cada mañana. El amor significa en la vida amar en espíritu y en verdad, así que ven y siénteme, porque tal vez ese dolor que sientes ahora mismo es el quebranto en tu corazón, es el amor puro del cual siempre te hablé y he deseado entregarte por siempre.

Así que siénteme a cada instante y en todo momento para que la luna y las estrellas puedan iluminarte, el sol brille sobre ti llenándote fuerte e intensamente de mi, porque te amo mucho, mi reina, pues tú eres oro en mi reino, eres la canción que también conmueve mi corazón o quizás la fruta dulce que embriagó a mi hijo Adán. Eres tu mi amor la diosa del mar, aquella que con fuego abarcó mi ser y me hizo entender, pequeña princesa, que fuiste quien me llamó a causa del sufrimiento y la tristeza, antes del cielo oscurecer.

Cariño, fue tu amor el que me cautivó aun en medio de la tormenta, pero como si no supieras heme aquí. Sí, estoy aquí hoy precisamente y vengo a darte una brillante sorpresa, así que mi amor ven y siénteme de nuevo para que recibas de mi lo que tengo, pues todos son muy buenos sentimientos para una mujer bella y hermosa que se encamina a ser modelo.

Siénteme

Preciosa, en verdad eso es lo que quiero, mi vida, llenar ese vacío
que llevas muy dentro así que no dudes mi cielo, porque aunque
te veas sometida en el fuego de la soledad allí te voy a encontrar,
pues te voy a dar todo el consuelo que de veras necesitas y sabrás,
cariño, que a tu lado deseo estar. Ven y reconoce mi talento, amor,
piensa en lo que de ti quiero y no comas del pan del sufrimiento,
ven y sujeta mi mano, amor, y siénteme.

El Detalle

Mi vida, mi princesa, un detalle creado en espiral esa eres tú, mi reina, un rayo de luz que establece en mi confianza. Así que ven y siénteme como en todas las mañanas, todas las tardes o en las noches, porque deseo hacer contigo un instrumento nuevo, un instrumento de trillar, una hermosa dama que se haga valer por toda la eternidad, una maravillosa pieza donde en su lindo rostro brille la felicidad y pueda prevalecer su sinceridad.

Ven siénteme linda, no sigas dudando en hacerlo porque de todas maneras así, amor, es que te quiero, envuelta en tus sábanas blancas pensando en este dulce momento y en este ser espiritual que te ama con todas sus fuerzas, pues no deberías mirar atrás buscando la soledad que a tu vida secuestra.

Amada mía, si yo te dije que te amaba es porque te amo en verdad, así que ven y siénteme de tal manera que hasta puedas creer en este detalle. Más un sentimiento en mi hacia ti se ha creado, es por eso que te prometí, mi cielo, que siempre me manifestaré cerca de tu lado, pues en ti haré justicia, mi dulce niña, para que no tengas que seguir recordando el pasado ni los lazos que en algún momento te maltrataron.

Siénteme

Vida mía, precisamente fue contigo, caramelo, con la que yo había soñado, pero ahora estoy despierto y cada vez que te veo siento que ya no es un sueño, el detalle es real, eres bella y nadie me hará cambiar mi dulce manera de pensar, pues mi reina, sé de dos grandes potencias en la vida que te voy a mencionar, las dos que predominan sobre la faz de lat ierra: el verdadero amor que hace nacer un sentimiento y destruye la ansiedad y la adversidad, la maldad y nuestras emociones. Así que mi amor, mi detalle, no lo pienses más, ven y siénteme.

Pequeña

Linda, escucha bien mi pequeña, porque como gaviota que vuela te pediré, mi amor, que por favor entiendas que busco en ti firmeza, una confianza extrema donde ambos, solos tu y yo, podamos sembrar en nuestra tierra la semilla que nos abrirá las puertas de la existencia en la vida.

Mi amor no te deprimas, ven y siénteme mi reina, porque de esta sencilla manera pequeña colocaré sobre ti, cariño, vestiduras de lino fino y sábanas de seda, las cuales en medio de tu preocupación te levantarán el autoestima, te llenarán de mucha calma y sobre todo una buena paciencia.

Así será cómo también vencerás en el momento de la prueba a aquel, mi amor, que te quiera lastimar. Ven, atrévete a experimentar el poder y la autoridad que sólo yo te puedo dar, pequeña, ven siénteme y verás qué bien te sentirás. Oye, soy quien ve tus lagrimas, soy yo aquel que recoge tus cargas, soy el que te consuela y te brinda amor cuando lo necesitas, aquel mi amor quien hoy te regala completamente su corazón.

Pequeña, ahora me dirijo a tu radiante color, un rayo de luz el cual mi alma y espíritu protegen y cuidan en la oscuridad de la noche, así que ven y siénteme vida mía, porque seré tu día a día cada mañana a la hora de despertar, pues emprenderé tus alas y te echaré a volar para que puedas alcanzar las alturas, las estrellas que te iluminan y te llenan de energía por las cuales deberás luchar, pues si te acercares al sol mi amor brillarías, pero si te acercares a la luna te detendrías, pequeña, a observar lo grande que es el universo y lo mucho, preciosa, que te deseo, así que no te rindas, ven y siénteme.

El Proceso

Cariño, el proceso es el dolor de algún sufrimiento enlazado con el misterio de nuestros sentimientos, es además el vivir todo aquello a lo que debamos o tengamos que enfrentar en el caminar de la vida misma, mi amor. Así que ven y siénteme porque esto es como la flor que nace alegre y que en medio de su crecimiento se entristece por causa de las heridas que nos señalan y nos culpan de los errores que hallamos vivido en el síntoma del pasado.

Mujer, despierta porque tu momento ha llegado, basta de sufrir y comienza a vivir con las herramientas que Dios ha puesto en tus preciadas manos. No te detengas más y no mires atrás, pues en verdad, linda, sabrás que lo que nació ayer, mañana morirá. Así que ven y siénteme para que no derrames una lágrima más.

Mi reina, por favor entiende que lo que te ha causado tanto daño lo debes desechar, porque así descubrirás que lo que te hablo es real. Princesa, debes actuar, encontrar el camino correcto, tomar las decisiones que en el invierno te ayudarán a alcanzar la victoria, la felicidad, la verdad y la vida que siempre te he prometido, cariño.

Mi amor, entiendo que no es fácil, mi cielo, pero estoy dispuesto a llenarte del secreto por el cual tenemos que pasar por este proceso que cada vez te cubre de miedo, aunque el hecho es que neceistas ser valiente, mi vida, pues sé que eres fuerte, amada mía. Camina, continúa hacia adelante y olvídate de los tropiezos que parecen ser grandes, demuestra que vales mucho más que cualquier diamante, supera este proceso, confía vida mía, ven y siénteme.

Una Flor

Una flor se marchita, amada mía, cuando le damos cabida a nuestras heridas que se cultivan a raíz de nuestra agonía en la vida, así que sé valiente y siénteme porque es el momento de que te levantes y alcances toda esa alegría que tu, pequeña, necesitas. Demuéstrate una vez más a ti misma que eres aquella flor hermosa, capaz de recuperar su valor, mi amor, y nunca se marchita.

Despierta, cariño, porque aunque cruces por linderos de dolor aun yo, mi vida, permaneceré contigo, ¡pues si anoche preciosa tuviste frio, hoy te he de prometer calor, mi querida flor! Así que ven, avanza al caminar y siénteme para que se te ilumine el camino, cariño, y tu radiante e inmaculado ser.

Escucha mi voz pequeña flor, recibe mi amor y siénteme porque deberías experimentar un nuevo corazón en tu vida, para que así tu lamento se llene de alegría y puedas romper también con toda mentira, amada mía, esas que el enemigo utiliza cada día para entorpecer el crecimiento de una bella flor que tal vez hoy se marchita.

Aunque desde luego que sé quien eres, mi reina, eres solamente tu ese rayo de luz que alumbra el jardín que he creado para ti, preciosa, mas yo seré el agua que fluye todas las mañanas y que hace que la raíz de la rosa que te prometí renazca, creciendo de manera extraordinaria, porque eres tú mi amor, mi pequeña flor, así que ven y siénteme.

El Verdadero Amor

El verdadero amor es el entorno de una bella canción cultivada en el interior de mi corazón, así sea en el verano, en otoño o en la primavera, mi reina. Pero si fuese en el invierno, cariño, estarías provocando a todos los ángeles del cielo que cada vez se acercan más a ti queriendo que tu puedas ser feliz. Así que ven y siénteme, no importa dónde te encuentres, para que pruebes de este verdadero amor que a cada instante me conmueve.

Mi pensar es poder amar de verdad, es crear un sentimiento que acapare con la soledad y destruya por completo toda maldad, pues en ti mi amor, deseo encontrar la capacidad que te hará alcanzar el propósito de esta realidad. Ven, siénteme y sabrás que al final contigo cariño, siempre voy a estar, acariciándote y llenándote de este amor verdadero que hoy estoy dispuesto a brindar por toda la eternidad.

Soy capaz de enredarme en tus brazos, de respirar en el fondo del océano cuando siento, mi vida, que te amo, pues el río de tu amor continua creciendo al nivel que yo deseo, las aguas son el manantial perfecto para encontrar a la mujer de mis sueños y esa eres tú, mi cielo, así que ven y siénteme.

Siénteme

Ven a mi, cariño, acércate más y no tengas miedo para que recibas de mi un abrazo y el consuelo de decirte, mi vida, que es a ti a quien en todo momento yo quiero. Seré también la fuente de inspiración que te regalará un amor verdadero, así que ven de nuevo mi cielo ven y siénteme.

Meditando en Ti

En un amanecer nace aquel ilustre que con su deseo y su encanto alcanza a caer en medio de la noche siguiente y muere. Así entonces fallecen con él todas las ilusiones de poder quererte, pero yo, amada mía, permaneceré siempre presente, debido a que realmente te tengo grabada en mi mente. Así que si estás dispuesta entonces qué esperas, ven y siénteme.

Meditando estoy, preciosa, pues cada vez que lo hago pienso en ti y recupero todas mis fuerzas. Aunque a veces siento que me rechazas y me desprecias, te demostraré mi reina que haré lo que sea para encontrar en ti esa huella en medio de la arena y te sacaré del rincón más lejano de esta tierra, cueste lo que cueste, para que también entiendas que en mi está lo que tu deseas, princesa, así que ven, no te detengas y siénteme.

El ilustre dejó un mensaje, un escrito para ti, pero este ser lo ha entregado todo, más aun su corazón, cariño, para que siempre lo recuerdes y puedas sonreír. Ven, siénteme, porque a cada momento medito en ti, pienso y busco las herramientas necesarias que te harán feliz, de modo que saciaré tu sed y alimentaré tu espíritu con todos los pétalos de rosa que sembré en tu jardín, mi vida, mi hermosa reina.

Siénteme

!Cómo es posible que un gran ilustre muera sin antes haber reconocido que tiene en sus manos el detalle, el péndulo más hermoso que haya encontrado, el diamante dorado que nunca jamás había observado!, esa eres tú, mi dulce niña, porque de ti no me he olvidado. Por eso medito en ti cuando siento que cada vez te sigo amando más, ven por favor, ven y siénteme.

La Red del Amor

Hoy, cariño, voy a lanzar mis redes a la mar, para demostrarte mi reina, sabiamente, que dentro de todas las mujeres, amor, es a ti precisamente a quien con toda mi dulzura y pureza deseo amar. Así que atrévete, ven y siénteme, no desmayes preciosa y déjate pescar.

Pequeña, ven enrédate en mis redes, porque en medio de ese mar profundo te quiero atrapar, deseo sanarte, abrazarte, acariciarte… anhelo besarte como si tan sólo fuese el arte de mi vida, yo poder llegar a amarte. Acércate amor, como lo hacen los peces, siente mi calor a cada instante, suspira y relájate, confía, querida, en mí y siénteme.

Mi reina, mi sirena, no permitas que te engañen, pues ese hombre que tu tal vez dices querer, fue quien no supo valorarte, te lastimó con tan sólo una frase, pero yo mi amor, estoy aquí con el fin de llenarte y entregarte todo mi corazón, cariño, como nunca antes. Así que ven, princesa, ven siénteme y déjame provocarte con todas las bendiciones que hoy tengo para darte.

Entrégate a la red del amor, mi vida, porque yo no soy cualquiera, sino que con ella deseo alcanzarte para prepararte el nuevo camino por el cual comenzarás a navegar, hasta que puedas encontrar tu valor y la rectitud de un verdadero amor que en algún momento te hicieron perder. Así que levántate preciosa, aférrate a mi con todo y verdaderamente siénteme.

Paloma

Una paloma nace con el fin y el propósito de ser feliz, de poder extender sus alas y comenzar a volar hasta que logra llegar, mi vida, a comer en las manos de quien realmente la ama. Pero tú, preciosa, por qué deseas engañarte a ti misma, por qué no me permites, cariño, que yo pueda valorarte como cuando antes lo hacía en tu niñez, ¿sabes?, ven y siénteme para que lo puedas entender otra vez.

Mi amor, no temas, no tengas miedo cuando el amor toque a tu puerta, pues aunque la soledad se molesta, tú eres quien decide y acepta a aquel que pueda entrar a tu hermoso corazón, sin juegos ni engaños, porque eso no es lo que quiere Dios. Así que ven, siénteme, aunque sólo sea una vez, así que por favor entiéndeme.

Mi dulce paloma, tan sólo recuerda siempre que Dios es el dueño del oro y la plata, así que no desees ganarte la vida desperdiciándola, no quieras ser lo que en verdad no eres, así que protégete y ven de nuevo, siénteme para que tampoco entres a ese mundo de mentiras al cual han querido llevarte. Acéptame, lucha y se valiente, pues lo que te espera más adelante es un bello y nuevo horizonte.

Siénteme

Alza tus ojos, amor, observa a tu alrededor, ve cómo vuelan las palomas y alcanzan la meta enfrentándose al filoso viento que corta las redes que te atan. Entonces, no te rindas, demuestra al mundo que vales mucho, que eres capaz de romper los muros que colocan a diario en tu camino. Se grande, linda reina, vuela lo más alto que puedas, mi dulce paloma y ven a mi, siénteme.

Te Quiero

Dulce y adorable amada mía, el plástico y el espejo son sólo la sencillez de lo que en ti, mi amor, yo quiero. Porque te deseo, preciosa, y estaré siempre dispuesto a entregarme por completo, a volar contigo cariño, hasta que podamos alcanzar lo más lejos del fantástico universo. Así que mi cielo, no me pagues más con desprecio, por favor, ven y siénteme para que sepas cuánto yo te quiero.

Princesa, te quiero conquistar como nunca antes pues eso, bebé, lo hace aun mas interesante. Ven, acércate, vamos juntos de la mano a conocer las aguas del mar, vamos a la orilla de la hermosa playa porque hoy, mi amor, la arena te quiere hablar de las cosas maravillosas que aun te falta por encontrar. Así que ven y siénteme porque en verdad te quiero.

Tú, vida mía, puedes comenzar con sacar de tu mente y tu corazón toda falsedad, angustia y adversidad, las que no te permiten llegar a donde yo, mi reina, deseo llevarte. Más no tienes que llorar por haber conocido la verdad, pues Dios os dijo: "Conoceréis la verdad y la verdad os hará libres", así que ven, sigue luchando y siénteme como realmente yo lo quiero.

Siénteme

Cariño, de mis pensamientos nació quererte, pero de mi corazón fluye el amor que siempre he de prometerte. Te quiero, mi vida, aunque no puedas creerme, te quiero con toda la sinceridad que siento, te quiero como nunca antes, te quiero, mi cielo, así que ven y siénteme.

Valórame

Preciosa, cuando te doy amor y valor, es porque deseo que puedas venir a mi lado, para que sientas el poder, la sed y el hambre que hoy siento muy dentro, para así llevarte de la mano, cuando desees por siempre contar o estar conmigo. Así que ven, valórame, pues en verdad anhelo que obtengas de mi mucho cariño, es ese inmenso amor que siempre, mi vida, te he prometido.

Puesto que tú te mereces un tierno calor y un manto lleno de mucha bendición, para que pueda cubrirte en tu dolor. Pues en medio de tu soledad, el querer y el amar asumen la responsabilidad de poder tenerte entre mis brazos hasta que pueda llegar el final, más los lazos de mi corazón marcarán la huella en tu mente y te harán recordar por siempre, mi más preciada flor, que cada día que ha de pasar más te amo con toda honestidad. Así que ven amor y valórame como yo contigo lo he hecho.

Por qué te enfrentas tanto a la marea o por qué prefieres estar en la oscuridad de las tinieblas, si yo lo que deseo contigo es mucho más que ser sólo un amigo, un caballero… el guerrero aquel que al final del camino le traerá paz a un dulce angelito, por lo cual no existirá más soledad, calumnias que te puedan derribar, ni mentiras que puedan desenfocarte de la victoria que ha, de pronto, a tu hermosa vida llegar.

Así que bien, nunca olvides, que las promesas que hoy te puedo brindar son para que nadie te pueda engañar, pues yo te haré feliz y te llevaré a alcanzar el propósito aquel del cual siempre te he querido hablar. Así que ven y no dudes más, ven amor, ven otra vez y siénteme.

El Sueño

Solía ver una ciudad muy triste y abandonada, los muros caían mientras las lágrimas por tus mejillas bajaban, pues tu pequeña sonrisa, amor, aun no me dice nada. Pero gracias a Dios le doy, porque sé que a pesar de todo Él se mantiene fiel a tu lado en medio de la batalla, pues eres tú producto de la flor, mi bella dama, así que despierta, ven a cada instante y siénteme.

Ahora bien, mi hermoso laurel, no te confundas porque desde luego que haré llover ríos en la tierra estéril, para que cruces el camino que voy abrir en la profundidad de los mares y te conviertas en la realidad de la vida, pues tienes que entender que de un sueño nace la esperanza de lo que por ti, amor, hoy yo siento.

Mi reina, vive para la vida y no para la maldad que aun existe en ella. Despierta y encamínate a hacer la diferencia, pues conozco ese mal concepto que llevas muy dentro y deseo romperlo, para que recibas de mi un nuevo suspiro, un verdadero aliento. Sanaré todas las heridas de tu pecho y llevaré a cabo la promesa que hoy te hago por medio de este humilde sueño.

Cree en lo que te digo, preciosa, restaura tus murallas y sé valiente, sé capaz de lanzarte a la guerra sin mostrar tus debilidades, para que así, quienes te odian no sean piedra de tropiezo en tu camino, ni se alegren por lo que te haya lastimado en tu cruel desierto. Levántate y da con orgullo lo mejor de ti, aun cuando sea que te encuentres encerrada en un sueño, así que ven de nuevo, mi cielo, y siénteme.

Mi Corazón

Amor, quiero que sepas que en la vida existe un buen y humilde corazón, que aun en la distancia se entrega y piensa mucho en ti, porque solo a ti escogí, es sólo a ti, amor, a quién le prometí hacer feliz. Así que debes darte cuenta y venir a mi, porque ha llegado el más tierno momento en que puedas recibir la bendición que desde entonces te ofrecí y hoy he venido hasta aquí, para realizar la obra que he fijado en ti, pequeña, así que ven de veras y siénteme.

Preciosa, mi corazón está dispuesto a esperarte aun cuando estés pasando por malos momentos, pues entiendo y comprendo la situación que has estado viviendo. Por eso es que desde entonces deseo llevarte al cielo, porque te quiero, amor, y deseo además dejarte grabada en mis más inmensos pensamientos, los cuales manan del corazón y la mente para cobijar con dulzura mi más preciado secreto. Pues de ahí fluyen los más hermosos sentimientos de un maravilloso ser que ha de entregarse a ti por completo.

Tal vez te resulte algo extraño lo que mi corazón por ti hoy siente, pero es que cada vez que te observo me conmueves de manera especial, hasta que logro ver el mar tocando las nubes que por siglos completaron el ciclo de una bella reina, que nunca dejará de ser su majestad.

Mi corazón, amada mía, te lo dará todo en esta vida, puesto que sólo a ti te ofrecería la paz que ningún obstáculo detendría. Yo te llenaría de nuevas fuerzas por el resto de tus días, pues en mi está lo que tu nececitas, mi dulce prinsecita, así que continua, ven y siénteme.

Tu Dolor

Un profundo dolor me quema por dentro, hiriendo mi pecho como cuando las aves vuelan en contra del viento, pero no importa, porque hoy entregaré todo lo que siento, así me cuesten mis grandes sentimientos, pues solo así entenderás que soy tan fuerte como para alcanzar la realidad y poderte decir al oído un hermoso 'te quiero', así que ven amor, una vez más y siénteme.

Seré tú medicina, vida mía, cuando estés triste o deprimida, pues aun cuando te sientas vacía, seré tu consolador en momentos de angustia y agonía. Restauraré tus heridas para que no tengas que continuar vagando por la vida, así que por favor, amor, nunca me pierdas de vista porque desde luego que yo seré tu guía.

Sirves a tu dueño con vigor y empeño, como el esclavo que sirve a su amo y nunca te quieres dar cuenta de cuanto yo te amo. Pues aunque tenga que tomarme un trago amargo, no descansaré hasta que volvamos a encontrarnos.

Mas así es el dolor que podemos sentir, una ilusión que no suele tener fin, es un dolor tan fuerte como para que no pueda dejar de pensar en ti, es la naturaleza de este amor, un volcán que no deja de existir, cenizas en un desierto arropado por tu cuerpo. Pero al final y en torno a esto, recibe de mi el mejor suspiro de aliento, puesto que si yo te prometí hacerte feliz, cree que yo voy a cumplir para ti. Así que no temas y ven preciosa, ven y siénteme.

El Interés

Cubierto de todo mi interés por ti, suspiro para llevar acabo una señal de vida que pueda levantarte de todas las caídas que provocan tu ira y no te permiten llagar al final. Así que me inspiro para lograr mi objetivo en ti, amor, querida o pequeña flor, tu que mantienes mis mejillas rebosando de color, pues aunque el calor te atormente, nunca te olvides de quien te ha dicho: "corazón, ven y siénteme".

Muéstrame tu interés y déjame de ti beber, para que así obtengas la mejor manera de encontrarte con la luz eterna, que estará ahí esperando por siempre a que vuelvas y que así se ilumine tu hermoso camino, mi rayo de luz, mi eterno sol de primavera.

Así que no te rindas y comienza a recibir de mi un fuerte abrazo, para que sea tu vida llena de buen agrado, pues sólo tu gran interés podrá contra los malvados que siempre hablan mentiras y se burlan de quienes van en busca de ser libres y de dar la mano a quienes desean ser también amados.

Todo esto es real, pues aunque te parezca un cuento de hadas o una telenovela que no tiene final, así es. Y es por eso, amor, que te brindo todo mi interés, pues por siempre para ti desearé el bien y te recordaré como la bella flor que alguna vez he deseado tener.

Siénteme

Así que por siempre, amor, ven y siénteme.

Perdóname

Perdona, mi vida, mi preciosa, mi amada niña, perdona mi emoción o mi hermoso corazón, si en algún momento te ha causado un fuerte dolor. Perdóname, pero es que sólo he deseado estar contigo, en momentos de angustia y en solemnes noches de frío, pues no deseo corromper todos tus sentidos, sino abrigarte con todo mi cariño y mostrarte así tu lindo destino, así que ven amor, ven y siénteme.

Divino amor, te obsequiaré un verdadero anillo, una corona sagrada, para que reines en el más oscuro camino, pues así tumbarás las murallas que siempre te han impedido alcanzar lo más infinito del cielo, aquel que está cubierto de bellas nubes blancas, para que cuando suspires te llenes de un verdadero aliento, así que perdóname si he llegado en medio de tu sufrimiento, pero es que en realidad te quiero.

Perdóname, pero es que cuando a mi lado no te siento, me preocupo y comienzo a sentir un gran vacío que me quema por dentro, pues la soledad en la que me encuentro, es la causa de que hoy te pueda observar aun cuando esté en el oriente medio, o en lo más allá del universo, pues aunque suela estar lejos de ti, siempre estaré cerca de quien verdaderamente recibe mi tierno consuelo.

Siénteme

Así que por favor, amor, acepta mi calor y perdóname por querer hacer de ti una verdadera flor, que con fulgor pueda entregar su corazón a quienes necesitan el amor y que se pierde en lo profundo de este mundo, que ya casi ni tiene color, pero tú que sabes entender, por favor, ven y siénteme.

Qué Bien Te Ves

Qué bien te ves, amada mía, cuando caminas y decides encontrarte a ti misma, mas de ti no quiero ver una lágrima, sino una muy bella sonrisa que te enseñe a pararte de frente a la vida. Así que continua y nunca permitas que nadie coseche en ti una horrible mentira, porque tú eres la flor que provoca la noche y el día, así que ven por siempre, vida mía, y siénteme.

Pues un rostro hermoso me llena de tanto gozo que ilumina en mi todo, como para encender un rayo que pueda llegar hasta el fondo de un gran misterio, por el cual por ti hoy me ahogo y me sonrojo, deseando llegar hasta lo más profundo del océano, para vencer así toda adversidad que pueda detenerte, pues tu eres quien me interesa y lucharé hasta el final para que vuelvas.

Mira lo bien que te ves, así que siempre camina en la dirección correcta, puesto que tu eres quien decide lo que en realidad tu quieres, pues sólo soy aquel que te brinda lo mejor de un suspiro, mi amor, para que no te pierdas y mi tierno sol te ilumine hasta lo más hermoso de tu corazón.

Te ves muy bien mi linda mujer, así que ve en busca de quien en ti ha puesto su interés, comienza a moverte para bien y lucha por lograr vencer a quienes te han lastimado y han ignorado lo mucho que puedes crecer. No te rindas, amada mía, busca en ti misma la huella escondida que he sembrado, para que sanes tus heridas y comiences a ver la pureza divina de la que siempre te he hablado, así que ven, ya que te ves muy bien, y siénteme.

Qué Bien Te Ves

PARTE II

El Paraíso Para Ti

Mujer

Aquella Flor

Una flor nació de la mano de Dios y comenzó a creer que en medio de la turbulencia del viento, aquel que la creó la llenaría de buen fruto y de lindas hojas que la mantendrían despierta y contenta hasta el día en que ella muera.

Por lo tanto su fé y su esperanza fueron continuas, sin sembrar duda alguna que la detuviera y no le permitiera florecer como ella espera y desea. Esa flor fue tan hermosa como para emprender un cántico nuevo y así cautivar a nuestro Señor, para que Él se llenara de mucha alegría y entonces diera nombre a esta sencilla y muy bella flor.

La nena, la hija vencedora de estos tiempos difíciles, mi amor, mi reina, esa eres tú, mi cielo azul que sabes estremecer las nubes blancas que existen en las alturas de esta tierra.

El señor te dice: "No temas, no tengas miedo porque yo soy tu Dios y nunca apartaré mi mano poderosa, que siempre te llenará de fortaleza." Pues donde quiera que tú estés, yo me ocuparé de ti y te haré florecer, preciosa, como he hecho con la más dulce flor, que siempre estará en lo más profundo de un tierno corazón, mi más preciada nena, que luego enciende y hace brillar con su grandeza, la sencillez de nuestra más bella tierra, así que ven y siénteme.

Un Suspiro

Un suspiro, un verdadero aliento me hizo sonreír, me hizo sentir que cada vez que te veo puedo ser feliz, como un nuevo sol que renace todas las mañanas y un rayo de luz, mi amor, que me ilumina a través de mi ventana.

Así me siento mi preciosa dama, y estoy contento aun más porque sé que tu presencia permanece día a día de frente a la batalla o cara a cara, diciendo: 'presente' y apoyándome ante toda la gente que sólo desea ver mis lágrimas.

Por lo tanto soy fuerte, cariño, y más allá prosigo mi camino, pues ante todo permanezco tranquilo, puesto que hoy me he dado cuenta de que tú, mí dulce amor o pequeña flor, permaneces conmigo. Más gracias le doy a Dios por mantenernos unidos.

Como aquellos dos pajaritos que con sus hermosas alas cortan el filo del viento y en agradecimiento al Padre nuestro cantan y cantan y no se cansan, pues así obtienen las fuerzas necesarias para cuando ambos se aman, así te quiero, mi amor, para brindarte las gracias.

Por ser tu, mi corazón, la magia o la hermosa flor que me cautivó y permaneció como existencia en mi vida, llenándome de alegría,

Siénteme

y gracias a ti mi Dios, por poner en mi camino el zafiro inmenso
de una bella dama, para el cual existe ahora un verdadero suspiro
en esta vida que calmará por siempre mi alma.

El Jardín

Paseando por el Jardín del Edén encontré que entre los arbustos caminaba una hermosa mujer, a quien le dediqué la escritura única de una verdadera poesía que inspiró Dios en mi corazón.

Para que tú, mi amor, puedas estar tranquila y llenándote de sabiduría, te sujetaré de la mano, hermosa mujer, para llevarte a otro nivel el cual tú, preciosa, te debes merecer.

Pues la sensatez que hay en ti y que hoy puedo ver, me hace sentir muy feliz, mas así doy gracias a Dios por el momento en que nos permitió estar allí, en aquel lindo jardín, en el cual, cariño, te conocí y que cualquiera que pueda decir lo contrario se estaría equivocando o engañando.

Puesto que para ti lo que yo he preparado es el buen fruto que resplandece con su belleza, la magia secreta que te sujeta y te lleva a conocer la esencia que Dios colocó en ti, mujer, para que puedas ser tan bella.

Como la pureza de la arena o las estrellas que en la oscuridad brillan sobre esta tierra, pues así el Padre nuestro te creó, sencilla, mi amor, pura y verdadera, mas tengo que decir cariño que en

Siénteme

nuestra linda tierra, y entre tantas o todas, no existe ninguna otra como tu preciosa, una mujer tan bella.

Una Puerta

Una puerta suele abrirse cuando otras comienzan a cerrarse, una nube se acerca cuando otra decide alejarse, pero tu, princesa, eres más fuerte que la tormenta, te mantienes firme en medio de la prueba o de la carrera.

En un camino que se asemeja la cima del cielo o abajo de la tierra, eres tú mi verdadera reina, la que lucha y pelea contra viento y marea, entendiendo así el dialecto de este sencillo e humilde poema.

Como la piedra que encontré en mi camino y pude abrigar cuando sentía frió, pues este es el desafió al cual hoy me he sometido, por desear que puedas estar conmigo, como aquel buen amigo que con su ilusión te llenó de mucho brillo.

La pareja que suele ver contigo el mar enfurecido o el lindo amanecer cuando despertamos luego de habernos dormido, pues en verdad, mi amor, es a ti a la que siempre he querido y que mi gran maestro Dios ha permitido en medio de este terrible camino.

Mas de cierto os digo, cariño, que lo que haya sufrido no es porque suela estar contigo, pues así doy gracias al Único, al Padre nuestro quien en verdad ha permitido, preciosa, en medio de

Siénteme

todo este oscuro camino que hoy puedas iluminarme deseando volver a estar conmigo, como el rey y la reina que han sido más que bendecidos, así que ven, abre la puerta y siénteme.

Una Canción

Cómo escribir una canción si sólo he soñado contigo hoy, cómo poder cantar, mi amor, si en mi mente tú sueles estar. ¿Será que algún volcán estará apunto de estallar como cuando, preciosa, de la mano te puedo llevar?

Pues así será desde el momento en que a mi, cariño, te puedas acercar, pues una paloma blanca emprendió vuelo y se atrevió a cruzar el mar. Mas no es tan sólo eso amor, porque yo a ti te quiero, así sea la palabra, el verbo, te diré con todo el corazón lo cuánto estoy dispuesto.

Dispuesto a esperar la perfecta voluntad que proviene del Padre, ese ser supremo que me mantiene vivo y despierto, para que hoy te pueda amar en verdad, puesto que el os dijo: "Ama a tu prójimo como a ti mismo, pues yo soy el camino, la verdad y la vida", por eso, mi niña, me mantengo firme y recto para no fallar.

Porque soy un hombre que desea alcanzar mucho más en ti de lo que te puedas imaginar, así que, mi bella canción,. prepárate porque desde entonces te llevaré a dar un extraordinario e inolvidable viaje en el cual tú, querida reina, después de la conquista te podrás enamorar y luego del saber, entender y conocerte a ti misma, reconocerás la hermosa letra de esta

Siénteme

canción, dándote cuenta entonces, mi amor, de que tu también
me puedes amar.

Mi Corazón

Aun cuando mi corazón lastimaste, mi amor, lograré alcanzarte, pues seré como aquel diamante del cual hoy tú, preciosa, te enamoraste. Así iluminaré tu vida y con mis tiernas manos te llenaré y te cubriré mujer de grandes caricias.

Esas te estremecerán y te enseñaran lo que es amar en verdad, así que ve, preciosa, diviértete porque en mi mente siempre estarás presente, pues sé que de ti proviene el gran don que Dios otorgó a una hermosa reina.

Mas sé que hay en ti, pequeña, la delicadeza, la sencillez perfecta de las flores bellas que nacen en esta linda tierra, por eso está en ti cariño, el viento, un fresco aroma que nunca se pierde cuando estoy sólo y siento frio.

Pues eres como el lirio que me cobija con todo el corazón y me hace permanecer tranquilo ante todas las guerras, en las cuales a veces uno mismo se encuentra, pero gracias a ese ser maravilloso le doy porque sé que Él permite que a mi vida pueda llegar una bella dama como tú, una hermosa reina.

Tú que sueles saber enfrentarte ante todo, no importando cuan grande sea la batalla, pues sólo así palpitarán dos corazones enamorados cuando hallan de postrarse a observar el brillo de las estrellas o el hermoso horizonte, que a lo lejos llega como la primavera.

Inspirándome

Es fácil inspirarme, grabarte en mi mente, es fácil para mi, dulce amor, corregir tus errores, como cuando te llevo de la mano a conocer el horizonte, a conquistar el más allá o a ver por encima de los montes. Esa es la idea, pequeña, tenerte siempre presente.

Mas a ti, querida flor, te pido que seas fuerte, ante la marea o la corriente, que siempre mi vida a ti te detiene, pues sé valiente, defiéndete y continua hacia el frente, porque después de todo, cariño, el rey de reyes o señor de señores y yo solemos quererte.

Ay de quien no te valore, pequeña, puesto que en ti prevalece la sencillez o la magia de este hermoso e humilde continente, pues Dios, mi vida, no soporta a los rebeldes.

Así que muévete, camina y continúa luchando por lo que tu más quieras en esta vida y que hoy mi amor te hace diferente, pues aunque es fácil imaginarte, te conozco bien y sé lo que sientes. Más recuerda preciosa, de dónde te saqué, cuando sólo eras una linda niña o una brillante adolescente que cada vez que crece se convierte en una bella mujer sabia y muy inteligente, así que ven vida mía y siénteme.

Es Tanto Amor

Es tanto amor sentir un 'te quiero', que sólo deseo poder abrazarte por tan sólo un momento, como cuando en el jardín celestial te cobijaba en mi dulce pecho, sintiendo así tus más preciados sentimientos, pues en verdad, preciosa, te quiero decir que eres como aquel blanco cielo que abraza la tierra con su hermoso viento.

Aquella que descubre y conoce por naturaleza sus mayores secretos, pues una hoja, mi amor, no cae si no es por la mano poderosa del Padre nuestro, aquel quien te dice: "Pequeña no temas, porque en ti, mujer, he soplado un nuevo y freco aliento, que hierve mi vida, la sangre que fluye por las venas de tu hermoso cuerpo y te hace sentir su majestad, el amor que hoy mismo por ti yo siento."

Es tanto, corazón, que por eso me rindo a tus pies y estoy dispuesto para cuando llegue el feliz momento de acercarme a ti, mi reina, y decirte al oido cuánto te quiero, otorgándote así mi corazón, mi fantasia y mis muy buenos deseos, esos mismos que vienen a lo más profundo de mis pensamientos.

Puesto que en ti yo creo, no puedo perder la batalla sin tan sólo darte un beso que llene mi alma, hasta que pueda corregir los errores que hoy por hoy te mantienen sufriendo. Mas como estoy atento por lo que pueda estar sucediendo, te diré mi amor, que realmente creas en lo que te estoy diciendo, pues he venido desde muy lejos para afirmar lo que es correcto y ello es que, aun cuando estés en la soledad de la noche, siempre mi amor te diré cuanto te quiero.

Suelo Soñar

En las noches duermo, pero suelo soñar entre dormido y despierto que sólo en mis pensamientos eres tú, mi dulce amor, quien roba la magia de un hermoso corazón, entrando a conocer así a aquel divino creador, que con sus hermosas manos dibujó en ti la gracia o la más tierna sonrisa que obtienes desde este mismo día, que te mantendrá despierta hasta el fin de toda nuestra vida.

Continúa pequeña, pues suelo soñar despierto, deseando que llegue el momento en el cual, mi amor, habré de llegar a ese gran maestro, para que me pueda otorgar la oportunidad de dejarte saber cuan grande es el amor que por ti hoy yo siento, mas brindandote un te quiero llegaré al cielo o quizás al universo.

Pues deseo expresar mi dialecto desde lo más profundo de mis sentimientos, porque son tuyos, cariño, así que recíbelos con un fuerte agradecimiento para que pueda continuar soñando entre dormido y despierto, como cuando hago girar la máquina del tiempo para llenarte, de sol a sol, de un verdadero aliento.

Así que aunque estés muerta mujer, continuarás viviendo, porque en verdad tú enciendes una luz en el interior de mi corazón o de mi cuerpo, que promueve una canción aunque esté lejos de tu amor, para que así pueda soñar entre dormido y despierto. Pues así me daré cuenta de que sólo por ti alcanzaré el camino, mas con un suspiro despertaré en el desierto, gritándole a los cuatro vientos que aunque estés dolida y sufriendo, siempre, este maravilloso ser te seguirá queriendo.

Será Igual

Será igual, preciosa, poder estar a solas contigo o será lo mismo continuar en medio de este triste desafío, será que acaso no has comprendido cariño, cuan grande es este amor que yo por ti he sentido. Por lo tanto continúo hacia el frente, en línea recta, pisoteando el más terrible problema para darle luz a mi hermosa aldea, que hace brillar el mar de costa a costa o quizás a las estrellas.

Esas que se encuentran en el más allá del infinito abriendo camino para que a mi lado tú vuelvas, pues así he encontrado tu mano en esta sencilla tierra, que con su fortaleza produce buenos y hermosos pétalos, como los que tu obtienes, mi reina.

Pues tú haces que un gran corazón sienta el palpitar, con la grandeza, la fuerza y la pureza que cada día hará renacer en mi, la fuerza de una nueva y verdadera dedicación extrema, mas por ser tú la única, la razón o la mujer más bella, cultivaré la semilla de una flor tan inmensa y estaré del todo preparado para el momento en que ella crezca, puesto que sin ti, amor, nunca labraré la tierra.

En fin, crecerás de tal manera que continuaré luchando hasta el día en que tu vuelvas, por lo tanto me encargaré de todos tus problemas, pues no sé si será igual, pero sé que con mi mano poderosa derribaré los muros, las barreras que de algún modo puedan controlar tu sistema.

Así que prepárate para cuando decidas volver, porque seré tu rey y tu mi hermosa reina, dos aves que suelan condenar todo lo malo que exista en esta tierra, eso te hará igual y perfecta, pues aunque decidas no regresar, a tu lado siempre me tendrás, pequeña, así que ven y siénteme.

Querida Amiga

Querida amiga o pequeña amada mía, es por ti que escribo, a quien le inspiro esta bella y hermosa poesía, mas eres la hija que ilumina mi vida, la que conquista mis energías y recibe de mí un fuerte abrazo, que he de convertir en una tierna caricia, así que ven y siénteme.

Esa que es capaz de envolverte en la melodía que siempre dibujará en ti, mi amor, una muy bella sonrisa, o quizás te pueda llevar de la mano a conocer y a experimentar lo que pueda existir en la vida, para luego de que conozcas la verdad que está escrita en la Biblia, y sepas mi dulce corazón, que siempre seré tu guía, pues es real lo que por ti yo sentiría.

Puesto que eres la razón de este verdadero amor y con furgor te entregaré mi calor, así sea en el verano, la primavera o en el otoño, mas en el invierno, preciosa, te regalaré mis más preciados sentimientos, aquellos que se envuelven y se aferran en la mente que brilla sobre tu hermoso rostro, aun cuando sople desde el oriente el más poderoso y fuerte viento.

Amor, por ti yo suspiro, por ti yo vivo y me entrego como nunca, de lleno al desafío de encontrar en ti, querida flor, lo que realmente siempre he deseado y por ello ven de nuevo mi vida y siénteme.

Verdes Pastos

Verdes pastos que hieren mis encantos, a ti te hablo pues hoy renace un nuevo y maravilloso amor con toda la autoridad y el derecho de seguirte amando, pues me interesas mi vida, para que así pueda hacer brillar el tierno sol de primavera, a razón de todos mis días, así que ven princesita, ven y siénteme.

Mas quiero que entiendas que nunca estarás sola en medio de la gran turbulencia que pueda traer la tormenta o aquella terrible oscuridad que se fija en las tinieblas, pequeña, comprende que deseo quererte, que nadie como este único ser viviente podrá amarte.

No podrá llenarte de fortaleza, de vida, como la bella flor de amapola que cada día resplandece mis mejillas llenándome de mucha alegría, amada mia, pues si tan sólo fuesen tus caricias te darías cuenta de lo que por ti haría, te comenzaría a abrir las puertas, desde luego, la oportunidad de que te puedas encontrar a ti misma.

De esta forma recibirás la paz que tanto nesecitas, porque soy quien soy, quien separó los mares de la tierra, fui quien le dio a los cielos la energía y puso una hermosa luz en las estrellas, para que en el dia, tú, dulce amor, puedas por siempre caminar tranquila, así que ven y siénteme.

La Batalla

Las veo pasar, olas que vienen y van, ustedes que acaparan con el mar y tú nunca me dices por qué te vas, sueles herirme en la guerra pero en la batalla te he de ganar, pues estoy preparado para en verdad poderte amar, dispuesto a amar sin límites, sin fronteras y barreras como los que hayas de encontrar.

Mas soy quien te da la benevolencia y la paz que nadie en esta hermosa tierra te pueda brindar, así que sacude tu hombro, preciosa, sin que tengas que mirar atrás, así que comienza a cosechar, porque una tierna ave no alcanzará su presa si no es digna de conocer la verdad.

Enciende una vela en la oscuridad, para que veas en el camino el gran principio del final, puesto que todo lo malo que haya sucedido en tu vida se tiene que acabar.

Cariño, imaginar es volar, es navegar, es fluir en la imensa oscuridad de las aguas, que culminan cuando de tus lindos ojos brota una hermosa lágrima, que hace despertar en mí la felicidad de volverte a encontrar.

Mi niña, mi estrella, mi tierna vida, que nace del vientre de una bella madre, que ha de conocer el fruto del más alla, por eso mi corazon, ven y siénteme.

Un Día Más

Pequeña, un día más acaba de pasar y tú, dispuesta, te preparas para comenzar a volar, pues como las águilas volarás, volarás tan alto y muy lejos que te atreverás a cruzar el mar, lograrás alcanzar el más allá, que hasta las nubes te admirarán.

Así, mi pequeña flor, las estrellas siempre te podrán observar, por la grandeza y la inmensa fuerza con la que lograrás la victoria en medio de tus batallas antes de que a tu bella vida, amor, pueda llegar el final.

Vencerás en la más difícil batalla, mi bello sol de primavera, así continuarás de llena, caminando sobre las metas o en los propósitos, que en cuya carrera se encargarán de abrir la vereda del camino y las puertas que de pronto te llevarán al éxito, que tanto has de necesitar en la sólida prueba a la que hoy día te has de enfrentar.

Puesto que la luna no es negra, aunque se asemeja cuando la oscuridad te encierra, aun en medio de ella existe una hermosa luz que reconoce que tú eres mi pequeña, así que no temas porque cuanto más alto vueles no estarás sola, pues de esta manera conquistarás todo el espacio de donde te puedas encontrar en esta linda tierra que te vió nacer y cosechó del fruto de un tierno corazón, que por dentro hoy llevas tú, que eres la mujer mas bella, así que como siempre amor , ven mi pequeña flor y siénteme.

Antídoto de Reflexión

El interés no es ocultar algo en la vida, sino ofrecer y brindar el amor que sientes.

El amor no es tan sólo el sentido de la palabra, pues hay que trabajar y luchar por lo que realmente amas.

El sueño no es sólo el deseo, el sueño también hay que vivirlo y sentirlo a cada momento.

El proceso por el cual estás viviendo, es debido a que tienes que enfrentarte cada día a nuevos retos.

El dolor que suele herirte tal vez es el quebranto que te ayudará a crecer y a madurar aquí en la vida.

El detalle no es comprar nada, el detalle está en ti, mi preciosa dama, cuando aceptas entrar en la batalla.

El meditar en ti responde a mi querer y a mi deseo de que puedas ser feliz, pero tienes que reconocer que tu decisión lo hará por mi.

El tener la oportunidad o la ocasión en tus manos no significa nada, si no logramos en la vida ser sabios.

El que puedas valorarme no es para vanagloriarme, sino para que pueda yo ayudarte a encontrarte a ti misma y así prosigas adelante.

El 'te quiero' simboliza el espejo por el cual nos vemos a diario, pero no es el reflejo de lo que en ti yo quiero.

El amor que suele sufrirlo todo es debido a que quizás le ha llegado el momento de vivir un mundo nuevo.

El rayo de luz que ha de llegar a lo profundo de tu corazón, es lo que Dios ha fijado en tu camino para que veas el propósito por el cual existes en la vida.

El que seas pequeña no es para que te detengas, sino para que siendo pequeña puedas lograr ser grande cuando emprendas tus nuevas metas.

El resumen de mi corazón te mostrará lo que siento, así que ven amor, ven adorable rosa, ven acércate por siempre mi querida flor y siénteme.

El Poeta y sus Versos

Un poeta muy cortés le dice a una bella flor: 'siénteme y verás lo hermoso que soy'.

Le diré como poeta a la mujer que amo: 'siénteme preciosa para permanecer siempre a tu lado.'

Aunque quizás me sienta sólo en la vida, siénteme amada mía, para que pueda seguirte amando.

La brisa sopla, el viento reposa y tú, preciosa, siénteme para que seas por siempre mi adorable rosa.

De sol a sol te entregaré mi calor, así que ven y siénteme, mi amor, y recupera tu valor.

Grabaré tu rostro en mi mente y en mi corazón, así que ven y siénteme, puesto que hoy te prometeré un verdadero amor.

Sé feliz cariño y permanece siempre conmigo, así que ven y siénteme amor, para que yo también hoy pueda permanecer contigo.

Como un castillo de arena dibujaré tu cuerpo en la tierra, para que tú seas mi más preciada reina, así que ven pequeña de verdad y siénteme.

Un rayo de luz sofocó mi corazón, alcanzando así la verdad de un sofisticado amor, así que ven pequeña flor, por siempre, ven y siénteme.

La razón de mi existencia en la vida, eres tú, mi dulce alegría, así que ven verdaderamente y siénteme.

Aliento de Vida

Isaías 60- 1

Levántate Jerusalén, envuelta en resplandor, porque ha llegado tu luz y la gloria del Señor brilla sobre ti.

Isaías 33- 10

El Señor dice: "Ahora voy actuar; ahora voy a mostrar mi grandeza y majestad."

Isaías 41- 9

Yo te saqué del extremo de la tierra, te llamé desde el rincón más alejado y te dije: "Tu eres mi siervo, yo te elegí y no te he rechazado."

Isaías 28- 16

Por eso, el Señor dice: "Voy a poner en Sion una piedra escogida y muy valiosa que será la piedra principal y servirá de fundamento."

Isaías 10- 27

En ese día se te quitará la carga que han puesto sobre tus espaldas y será quebrado el yugo que te han puesto en la nuca.

Isaías 43- 1, 2, 12

El Señor que te creó te dice: "No temas que yo te he libertado; yo te llamé por tu nombre, tu eres mía."

Si tienes que pasar por el agua yo estaré contigo, si tienes que cruzar ríos no te ahogarás, si tienes que pasar por el fuego no te quemarás, las llamas no arderán en ti.

El Señor afirma: "Yo lo anuncié y lo proclamé, yo las he salvado." Amén.